关于创意商业的150个问与答

150 QUESTIONS & ANSWERS ABOUT CREATIVE BUSINESS

TOPYS　编著

广西师范大学出版社
· 桂林 ·

由設計師慢慢轉变成品牌師，在这崗位已经卅年，这行業的甜酸苦辣深刻感受，打從第一天已经了解这路之遙遠及困難，但創意媒体相对更難更苦，能夠渡过十多年仍然活著，已经是成功了！

執筆之時，身居纽约之創作奇人史德明終於伙伴分家，並宣佈不再接商業设计的单，他说並非对商業個案已经提不起興趣，只是他的歷史任務已完成，他重申商業设计之重要性，因為她更能使社会及人民了解设计之重要性！设计並非风花雪月之作，人類生活之進化史基本就是一套宏觀之设计史，而我们創作人就是这本史诗之推手及记録員，TOPYS今次策劃这本百余位优秀及接地氣創意人之生命金句，绝非一般设计就是生活的創意心灵鷄湯，他更是精選这中外百多創作人的核心概念，就是在火焰生活了卅年的我，也感震动心坎。

從第一天决定走这条路時，已经有三条時常想著的问題：（一）為什麼選擇这工作？（二）怎樣正確走这路？（三）成功是否这路的最後終宿及目的？

这三個问題打從入學已经问著，每個時期有不同的答案，他隨著人生之歷練，環境，心態而呈現不同的答案，每人不同，每個時期更不同，但这问題反覆追问可令你（我）更清醒地明白自我及其価值观，否則你只是行屍走肉，追名搏利的偽人，儘管真的只做偽人已经令你自我感覺良好也沒所謂，始終性格定命運，減實面对自己人生也就是了。

这本書並非令你改变人生，也更不是什麼明燈指引，那不是葵花宝典，不能令你起死回生，但当你对这行業有著疑问，当你对未來的路感覺困惑，當你有什太多的為什麼時，这裏的金句，可能給你找到出路，正所謂人生人，路生路，在靜心時间，喝著濃濃咖啡，细嚼每片对話，也是人生一樂也。

好了，请大家開始進入这文字旅程，祝大家如沐春风，有所領悟

李永銓
二〇一九正夏

（李永铨手写序）

序 | 01

由设计师慢慢转变成品牌师，我在这个岗位已经三十年了，对这个行业的甜酸苦辣深有感触，从入行第一天起就已经了解这条路之遥远及困难，但创意媒体更难、更苦，能够挨过十多年仍然活着，已经成功了！

执笔之时，身居纽约的创作奇人斯蒂芬·施德明（Stefan Sagmeister）终与伙伴分家，并宣布不再接商业设计的单。他说并非对商业个案已经提不起兴趣，只是他的历史任务已完成。他重申了商业设计的重要性，因为他的伙伴杰西卡·沃尔什（Jessica Walsh）更能使社会及人们了解设计的重要性！

设计并非风花雪月之作，人类生活的进化史基本就是一套宏观的设计史，而我们创作人就是这本史诗的推手及记录员，TOPYS 此次策划的这本书所汇集的百余位优秀又“接地气”的创意人的生命金句，绝非一般的“设计就是生活”的心灵鸡汤，而是中外众多创作人的核心概念，即便是在“火海”生活了三十年的我，看完后也觉得震撼心灵。

从第一天决定走这条路开始，我们就要时常想着三个问题：一、为什么选择这个工作？二、怎样正确地走这条路？三、成功是否是这条路的最终归宿及目的？

三个问题从入学就要开始想，每个时期都会有不同的答案。随着人生的历练、环境、心态的变化会呈现不同的答案，每人不同，每个时期更不同。但是反复追问这些问题可令你我更清醒地明白自我及自我的价值观，否则你只是行尸走肉，追名逐利的“伪人”。

如果伪人令你自我感觉良好也无所谓，性格决定命运，诚实面对自己的人生就好。

这本书并非能令你改变人生，更不是什么指引明灯，它既不是《葵花宝典》，也不能令你起死回生，但当你对这个行业有疑问，当你对未来的路感到困惑，当你有太多的“为什么”时，这里的金句可能会帮你找到出路。正所谓“人生人，路生路”，在安静的时间，喝着浓浓的咖啡，细嚼每篇对话，也是人生一乐。

好了，请大家开始进入这段文字旅程，希望大家能如沐春风，有所领悟。

李永铨

二零一九年正夏

序 | 02

与 TOPYS 的第一次接触是在 2014 年的秋天，地点在深圳。当时我即将离开睿狮（LOWE），加入上海智威汤逊（JWT）。因为那次采访，我认识了黄永敏和罗薇。

那是一个美好的下午，从受访、演讲到聚餐，永敏和罗薇的友善、热情及他们做 TOPYS 的理想和使命，都令人印象深刻。我心中有满满的祝福，只是不想让他们觉得我在客套，没有全部表达出来。

TOPYS 的创意灵敏度很高，触角很广泛，从他们所接触和合作的各行各业的创意人名单中，很容易感觉得到这一点。听助理说，TOPYS 要出书了，书名叫《关于创意商业的 150 个问与答》，他们想邀请两个人写序，其中一个希望是我。

看完 TOPYS 传来的 150 个问与答的档案，我很好奇，TOPYS 为什么要出这样的一本书？从对不同创意人的采访里，选择了这 150 个问与答是基于什么样的考量？最后，TOPYS 为什么要邀请我写序？

问好的问题，在我们创意行业里，是不变的定律。听一场名人的演讲或访谈，只要收到一句有启发的话，就已经足够了，而 TOPYS 的 150 个问与答，做的就是这件事。

这件事不容易做好，因为并不是每一个受访者都可以让你问到好问题，并可以回答出好答案。好问题让人省思，好答案可成名言。

我相信，很多稍微有点儿名气的广告人，心里面都偷偷地希望哪一天可以有自己的语录，以“留名青史”，所以他们在微信里拼了命地写语录。但很多人是为了写而写，并没真正经历过，只是在装智慧，虽不至于误人子弟，因为当代的子弟没这么容易被“误”，但是，这些伪语录看多了还真是令人作呕。

要知道，李奥·贝纳的100句名言，不是这样写出来的。

相比之下，这本书没有要故作深奥或炫技，没有非分之想，只是在一个年代，忠实地、很在行地记录了一些事情，一些关于创意人的事、物，与大家分享，传递 TOPYS 的使命和理想。希望读者能从中有所收获。

在这里，我还是献上满满的祝福。

Norman 陈耀福

OnBrand 创始人

JWT 中国区前主席兼创意长

我们与创意人问答一百多次，可能找到了一些答案

记得在一次采访中，有人问：“我的品牌要怎么做才可以跟别人不一样？”答：“你想得不一样，做得自然就不一样。”

TOPYS 采访过全球百余位优秀创意人，包括广告人、设计师、策展人、品牌方、咖啡店店主、书店主理人……无论浪潮如何起伏，他们都一直这样——想得不一样，做得不一样，同时也在有意无意中，带动了潮起潮落。

我们从深度专访中精心提炼出这 150 个问答，与你分享在当今的创意商业大环境下，可以“如何想”“怎么做”。

当头棒喝、醍醐灌顶是可遇不可求的，“金句频出”从来不是一个负责任的选项。我们相信这些初看平淡的语句、篇章，更有机会带给你细水长流的滋养和一些解答。

当然，如果能带给您更多问号，那就更好了。

TOPYS 编辑部

感谢所有接受 TOPYS 专访，为本书内容的集合提供想法和观点的创意人们。我们也衷心期待这 150 个关于创意商业的问答，能给关注我们的读者带来新的灵感和启发。

TOPYS策划团队

总策划

——

黄永敏
罗薇

文案

——

董瑶
卢瑛婷
毛依文
魏含颖

执行策划

——

梁梦绯

获取更多创意商业内容
关注TOPYS 官方微信

扫码下载TOPYS APP

关于 TOPYS

作为中国成立最早、最受欢迎的创意垂直网站，自2003年成立以来，TOPYS以“Open Your Mind（开放思维）”为宗旨，始终专注在全球创意、商业、人文领域寻找最有质感的声音。16年来，TOPYS专访了百余位全球顶级创意人，原创文章超过30 000篇，累计为超过百万用户提供了超过10亿次的阅读机会。

未来，我们立志打造一个呼应当下商业环境、多元完备的全球顶尖创意商业内容平台，期待在顶级创意团队和读者、企业之间，架构更好的沟通、互动甚至合作的桥梁，赋予个人及企业以最大价值和最高境界的成长。

我们相信，观念变革的力量和思维方式的根本改变催生着一个全新的经济形态的形成：以创意经济、美学经济、教育体验经济、博物馆经济为核心内容，以激发创造力为目标，尊重人、发展人、成就人的全新经济形态。一个创意的中国，正在到来的路上。

目　录

如何想

怎么做

BEING

如何想

商标与品牌、产品本身有着怎样的关系？

01

品牌中最重要的东西是它的文化如何体现在其产品和服务里面。商标是品牌的精神体现，我们不能否定它对品牌的作用，但最重要的是这个品牌的精神怎样在产品中体现。

商标和产品谁先谁后都没有问题，这和企业家的思维和精神有很大关系，看你想怎么做生意。如果有策略性的思维和宗旨，你先做品牌商标也没问题。

靳埭强

著名平面设计师

阿原肥皂的设计和创造者背后的精神是什么？

02

一个人，能做的很少，但是我知道有一百个、一千个、一万个像阿原肥皂一样，需要靠设计和包装来做出产品的品牌。我们要谈的是产品背后的人，我们要用什么态度去和他们做联结。

我们有责任也还有办法去挽救因为价格低廉而减少订单的产业，我们有办法改变因为收入低而背井离乡的打工者的命运。我认为我的创意设计和公司的产品，在生命面前，根本不值一提。我们只是在做一件产品，可他们是用一辈子在做一件事情，所以我对工人所具有的精神的看重变成了阿原肥皂很重要的力量与滋养。

江荣原

阿原肥皂创始人

一个美术学校应该怎样做到全球化？

03

我们所谓的全球化不是面向全球，而是在学校中开展属于日本的全球化。只有海外人士来和我们这边的创作者一起开展工作，才是所谓全球化的有效方式。

全球化的目的并不是出国、活跃在海外等这么单纯，而是希望这种教育理念培养出来的人才可以和各国人士一起协同合作，这才是全球化的意义。

长泽忠德

武藏野美术大学校长

创意人是越年轻越好吗？

04

我和阿桂是从传统广告时代走过来的人，我完全不认为我们是备受威胁的。网络兴起之后，传播、思考的方式都完全改变了，但这个阶段反而是我最快乐的时期——以前有些广告我没办法做，现在我想做任何东西都有实现的可能。

如果说老一辈广告人有恐惧，那我觉得新一辈广告人也是一样的，因为新的广告人也不知道明天的数字广告会变成什么样，他们和我们同时在面对这件事，而我们拥有更多强大的武器。因为，老一辈广告人说故事的能力非常强，而这一点不可能因为网络时代而变弱。

胡湘云

中国台湾奥美首席创意长

科班出身和非科班出身的广告人的不同之处在哪里？

05

没有经过培训的人出来做广告，比较没有包袱，只是凭直觉面对营销问题。专业的广告系学生可能一碰到问题，就翻案例。问题是：广告是一个创新的行业，市场永远在变，价格、市场、消费者心态，有太多变化的因素。

但是，就像学画画，要想做一名“大家”，基本功一定要扎实，而这正是科班出身的广告人的优势。从基本功中演绎出一些突破，才能有石破惊天的结果。

劳双恩

原智威汤逊亚太区创意委员会主席

为什么要做一些看上去nonsense（荒谬的）的创意？

06

我们所处的世界，有太多信息，我们要做的不只是一条广告片，或某个品牌宣传，而是在 24 小时中，创造令人惊叹的一刻。

川村真司

Whatever 创始人

为什么要做“读小库”？

07

童年和少年时期对一个人的影响是巨大的。对自然的认识、对人的认识、对语言和语言美学的认识……这些东西如果都植入一个人的身体内部的话，它们总有一天会呼风唤雨。

张立宪

读库创始人

为什么如今的人们追求沉浸式互动体验？

08

因为人们在寻找崭新的体验。人们试图逃离自己的世界，想要沉浸在另外的世界里，并感受到情感和联结。

Sakchin Bessette

Moment Factory 联合创始人 & 执行创意总监

NUNO 的设计理念是什么？

09

"布亦如水。"

水根据容器而发生形状的改变，布也是一样，它不仅用于穿着，也可以用于室内建筑的空间装饰——做出能满足不同功能需求的布正是 NUNO 的目标。

须藤玲子

NUNO 创始人

剧院演出和场域特定演出（site specific work）的区别在哪儿？

10

剧院演出好比正式的晚宴，不过有点儿无趣的地方在于，大家都在排队等同样的东西。

场域特定演出则更像一次公园野餐，不那么隆重、正式，但可能有惊喜！

Tom Pearson

Third Rail Projects 创始人

为什么说“知识本身不值钱，展示知识的方式才值钱”？

11

网络上没有任何一条知识是不对人开放的，那么你为什么不看呢？因为你要么对它没兴趣，要么觉得它晦涩难懂，要么学了也不知道用在哪儿。

如果有人能够帮你解决以上三个问题，让你想要去学，那这个过程就特别值钱。

黄执中

米果文化内容总监

创意和天分的关系有多大？

12

你可以用一个很严谨的纪律产生一个有效的广告，可是这样很难产生伟大的广告。

我没有办法拿一些配方给你。

胡湘云

中国台湾奥美首席创意长

创业者怎样控制自己的欲望？

13

我给自己画了个圈儿，圈儿之外的东西我们不想要。

沈黎晖

摩登天空创始人

国际 4A 和创意热店的主要区别在哪儿？

14

国际 4A 作为百年老店，体系更完善，从前期调研、策划到创意产出、后续传播，都比创意热店更全面。

创意热店更像一把刀，专切创意，下手快、准、狠。

江　畔

意类广告创始人

怎样看待“设计天赋”?

15

我觉得天赋是可以培养的。“没有天赋这回事”是说不通的，很多人对于某些行业就是特别敏感，有非常好的自学能力和领悟能力，这就是天赋吧。但是你很难去评估一个人有多少天赋。

与此同时，你要珍惜你的天赋，培养它、磨练它，并提高你的能力和创作力。这是后天的，所以后天更重要。

与其问自己有没有天赋，不如问问自己有没有兴趣，有兴趣是可以去领悟和学习的。如果你是为了赚钱做设计，不如不要做，因为有比设计更赚钱的工作。

靳埭强

著名平面设计师

该用怎样的标准去寻找有相同价值观、想法的客户？

16

对于客户，有一个价值观从打工至今我都没有变过，那就是“平等”。

有人说，设计师是服务型职业，客户就是我们的“神”。我说：“错！”客户找你是希望你能拯救或提升其品牌在市场上的地位。就如医生与病人的关系，他要认真选择医生，你要诚实预估能否医好这位病人。所以在开始阶段，你要让他们明白大家都是在平等的平台上。对方付钱给我，订我的单，是因为我把我有限生命里重要的五个月给了他，为他做事。

陈耀福
OnBrand 创始人
JWT 中国区前主席兼创意长

从创意到执行，自己动手有多重要？

17

方案提出者理应理解自己的创意是如何被实现的，这样他才能保证按照自己最初的设想去完成。在完成这个概念的过程中，这个步骤才是最关键的。

川村真司

Whatever 创始人

为什么开设设计伦理课？

18

我们应该去提倡做关爱的设计，利他主义不只是利人，“他”包括人类和其他在宇宙中生存的生物。我们是一个大家庭，要去关心他人，这样我们就会少犯一点儿错。

设计伦理就是要教年轻人，做设计应该做什么，不应该做什么，我们有什么义务，有什么权利，这是很重要的。

靳埭强

著名平面设计师

每个国家对广告的政策、法规有什么不一样？

19

其实这与国情、民情有关系，与气候有关系，也与宗教有关系。

比如，在马来西亚，以前电视上是不允许演员穿蓝色牛仔裤的，因为蓝色牛仔裤是属于美国的符号，而马来西亚抗拒美国精神。所以，牛仔裤广告在电视上是黑白的。还有，女演员穿无袖的衣服不能露出腋下，因为宗教不允许。

陈耀福
OnBrand 创始人
JWT 中国区前主席兼创意长

为什么说掌生谷粒是农产品的出版社？

20

每个出版社都有自己的编辑、印务、发行人员，但不必拥有自己的作者。农地与我们的合作就是这个样子。

那些在土地上一行一行耕耘着自己的作物的“农业作者”，他们只要负责耕耘、收割就好，关于作物的编辑、包装、发行和印务，这些都由我们来做。

程昀仪

掌生谷粒创始人

你认为设计上的不同点主要在哪里？

21

第一层，能打动你眼睛的设计，视觉上你觉得好看。

第二层，打动你的逻辑思维的设计，你分析之后愿意去购买。

第三层，也是最高层的设计，就是打动你心灵的设计——虽然这种感觉无法用语言、文字表达，但你就是会被这个设计所感动。

张　雷

品物流形创始人

广告是为了销售吗？

22

初衷并不是销售，销售是经过路径，并不是我做广告的目的。

一个品牌如果只是销售成功，那它的野心不够大。我觉得一个品牌的成功，销售是必须要有的，可是一个企业、一个品牌如果没有影响力，是不成功的。我最喜欢的就是帮助别人变强大，并不只是增加销售，销售对我来说是前往强大必须经过的部分。

胡湘云

中国台湾奥美首席创意长

创作者应该如何静躁得宜？

23

老浮躁没意思，你得沉潜一下，然后静极思动，特别想出去“嘚瑟”的时候再出去“嘚瑟”。老“嘚瑟”也没劲，要回去休养一段时间，老玩儿手机你还得充电呢。

史　航

著名编剧

你在舞者身上看到了什么不同的文化基因？

24

比如，外国舞者可不可以进“云门”？可以，但是会很辛苦，因为他们蹲不下去。我们的孩子，路上随便“抓”一个都会做兰花指，但西方人做起来就很难，这是文化基因里的差异。

林怀民

云门舞集创始人

联邦走马出版作品的标准是什么？

25

一种是它自己会发光，能吸引我；一种是我投出去的目光能够有反馈。

恶　鸟

联邦走马创始人

为什么给公司取名 Whatever?

26

一方面表示我们对业务类型不设限，能提供“whatever you want”（任何你想要的）。另一方面，这群聚集在 Whatever 的创意人不在意“whatever you say”（外界如何定义他们）。

川村真司

Whatever 创始人

为什么要在中国台湾做一本研究日本文化的杂志？

27

靠得太近的生活，我们其实看得不是那么清楚。

日本人太习以为常的事情，从一个外来者的视角来看的话，其实会变得很特别。

Eva

《秋刀鱼》主编

做过十年裁缝工作的设计师，会喜欢什么服装品牌？

28

我曾经是三宅一生的粉丝，长期穿他设计的衣服。但他现在已经很少亲自设计自己品牌的衣服了，都是由其他年轻设计师来完成的，而他们的设计方向也更倾向于年轻化、时尚化，不像三宅一生那种文化底蕴浓厚、很个人化的思想风格。

我差不多从 20 世纪 80 年代中期开始穿他设计的衣服，我觉得他的衣服不是时装，而是超时代的，不是一时流行的品位，而是一种长期可以穿、可以配合你精神状态的设计。

靳埭强

著名平面设计师

在大家都追求“轻量化”的今天，为什么要做全产业链？

29

老有朋友开玩笑说我是“重装部队”，可能我的个性擅长做复杂的东西。实现美丽的外观和清新的气质，需要有一点儿机械部队的爱好，一旦调整顺畅，就会成为一个门槛高、难攻击的体系。

舒　为

造作创始人

为什么说书籍的不可取代在于教会人们先思考再行动？

30

由于网络信息的快速更替，网络上到处蔓延着没有经过编辑的信息，人们不再三思而后行，只是在随意删改错误的信息。

但书籍是要印制出来的实体，从标题到正文，再到参考书目，我们必须在印刷之前谨慎检查每一个环节。

Irma Boom

著名书籍设计师

水越设计（AGUA Design）的初衷是什么？

31

设计不仅限于生产事件，也可能是概念或系统。现在投资的精力与时间，都指向了那些五十年后回看仍具意义与影响力的事情。

我们寄给客户的简报只有一页：用 60% 的时间做有意义的事，30% 的时间投资不确定的未来，而仅用 10% 的时间处理公司公文、账单之类的杂务。

周育如

AGUA Design 设计总管

创业后有什么事情颠覆了你过去的看法？

32

你所想象的客人根本不是你的客人，你的客人永远在你的预料之外。

目标受众有点像台球，我们很多时候不是直接打那一颗，所以你所做的事情，其实永远会有意想不到的效果。

而如果你的内容永远只能满足眼前的这群人的话，其实很危险。

刘冠吟

《小日子》社长

KIGI 的含义是什么？

33

KIGI 在日语中是“木”的复数形式。

我们不妨把创意比作一棵树，树根植于土壤，主干不断向上生长，枝叶越来越多。

地面以下是思想和哲学，地面以上是社会。充足的水分与肥料是树的营养，涵盖着知识、教养、技术、想法。枝叶是支撑果实的各种要素，是空间、视觉、形象等商品支持系统。外界的风、光和雨是社会对这个品牌的评价。

种树人是这个品牌的艺术指导、文案等包装者。之后，猴子来了，它们将果实带进社会中。而鸟就像广告，把信息带给更远的人。

植原亮辅 & 渡边良重

KIGI 创始人

一个优秀的创意人至少应该具备哪三种态度？

34

胆；手；肩膀。

胆，是要敢于跟客户提新的想法；手，是指眼高手也要高，别光想，得卷起袖子去做、去试；肩膀，对于卖过的想法要扛起责任，让它以最佳状态实现。

游明仁

中国台湾 ADK 首席创意长

在互联网时代，广告的作用是什么？

35

广告不能解决所有问题，只能解决最迫在眉睫的问题。一个传播是不可能改变一个品牌的，改变一个品牌最重要的是产品。

陈绍团

找马品牌咨询创始人

你认为当代设计师最需要思考的问题是什么？

36

我想，21 世纪我们最高的使命是摒弃“解决问题”这种观念，去拥抱寻求问题的想法。这意味着我们要思考如何到达问题之下的问题，如何看到客户看不到的问题，如何预测一个消费者将会遇到的问题，如何磨砺自己找到规律、预见未来，并将未来转化成优势的能力。这才是设计师该做的事。

Brian Collins

Collins 创始人 & CEO（执行总裁）

作为众多广告奖项的评委，评选作品时的角度是什么？

37

A. 冲击力（几千个作品里，它怎样跳出来）。

B. 原创性（角度新鲜）。

C. 相关性（和要卖的产品及消费者行为有结合点）。

劳双恩

原智威汤逊亚太区创意委员会主席

艺术教育有没有标准？

38

学校只是一个能够启发你怎么学习的地方。

如果我只提供一个模式，每个学生都来学这个模式，每个人的那套东西都一样，那么这就不是教育，只是一种生产。

靳埭强

著名平面设计师

你对好的创意部门的理解是怎样的？

39

创意部门其实有点像一支足球队。你需要可靠的后卫，能够在工作遇到困难的时候迅速解围; 你也需要优秀的中场去确保比赛(公司)的一切都运行顺畅; 你还需要一些一流的前锋去得分，去做突破性的作品，去赢得奖项; 最后，你需要一些特立独行的队员，能够一矢中的地把大局扭转。

虽然这些人可能都不是最易共事的同事，但在某些场合他们会证明自己的价值。

Graham Fink

奥美中国前首席创意长

你常说“坚持”，它对于你而言意味着什么？

40

坚持不是守住更多，而是要“减持”，减掉大部分的，留下最必须的。

丰信东

广告人

怎么看待创意人
流动率高的问题？

41

一个人做梦很容易，一群人做同一个梦很难；一个人走路可以很快，一群人走路则可以走得更远。

流动率高既然是这个行业的特质，我们就不要试图去改变它，重要的是如何选择人。你需要知道自己要找什么样的人。

黑一烊

SenseTeam 感观 · 山河水创始人
兼创意总监

如何看待创意没被客户通过的问题？

42

这种情况是很正常的，好的广告人不只是需要想出一个好想法，还要让它通过重重关卡，把它执行出来，这是同等重要的一个素质。很多广告人有这样好的素质，所以他们有很好的作品，这也是广告人能力的一部分。骂客户是一种无能的，也草率的表现，广告行业的本质就是为客户服务，对方也是居其位、谋其政，大家立场不同而已。

东东枪

文字创意工作者

你对优秀的文案工作者是如何定义的？

43

如果一个文案工作者对各类人群的心态足够敏感，并能熟练把握对应的文案风格，不管是大气的、温馨的、孩子气的，还是幽默的、平实的、柔情的，或者再细一些，如果可以精确地区隔酷味十足的年轻人的幽默、子孙满堂的老年人的幽默、刚刚迈向成功的商业人士的幽默，以及其他各类阶层的幽默，那么，在文案这一领域，就足以为自己界定出一片天地。

陈绍团

找马品牌咨询创始人

从业以来，你对设计的体会是什么？

44

我理解的设计必须满足两个方面：功能和沟通。必须和用户有很强的沟通效果，如果失去沟通或者失去实用功能，我觉得这都是失败的设计。

你做出的每一个设计，就是自己的一个档案。你做得好，就会有更多的项目找到你，反之，你就会失去被信任的资格。

Gerard Sanmartí

Lagranja design 创始人

新人入行总是会面临许多质疑，你的建议是什么？

45

面临质疑的时候，你要去想不是只有你一个人面临和感受到这个问题，和你同届毕业的人都会遇到这个问题，这个时候这件事情的重要性就会被稀释，变得非常薄弱了。如果你不把它当作一回事，就能成为遇到这个问题的这些人里面最终“存活”下来的人。所以，我觉得遇到任何不好的事或者自己觉得折磨的事，不要去刻意放大，要不以物喜，不以己悲。

聂永真

永真急制工作室创始人

在互动广告领域，文案人员的地位是怎样的？

46

文案人员相当于整个团队的灵魂、喉舌，当然我是指好的文案人员。文字已经不只是你所看到的可以阅读的文字，也可以是你听到的声音，或是一次用户体验。它是一个活动得以存活的精髓，有时是一种精神愉悦，有时是一次感官刺激，有时会发人深思，有时是一种共鸣。它虽不一定是表象地、简单地以文字呈现，但同样需要打磨，巧思妙想，基于人性的洞察。一个 campaign（活动）能否取得成功，文字或文案人员的存在，有时候起到的是决定性的作用，它如同空气一样环绕在体验者的左右。

李　浪

180China 上海公司前首席创意官

你怎样看待时间、空间和人、文化之间的关系？

47

我想其实这是一个时间滞后的问题，生活方式对人们的影响是长久而深远的，你现在看到的人们的生活方式，其实有古人的影子，抓住当前并不够。

然而，当我给人们介绍新东西时，得到的回答总是“没有人这样做过”，这里面是有鸿沟的。只有看到之后，他们才明白，对了，其实可以这样做。这是我当下的感受。

伊东丰雄

著名建筑师

你觉得什么是好的设计？

48

一个好的设计不是为别人设计，而是为自己设计的。在你为自己呈现一个好设计的同时，别人也会对它有需求。

你知道你想要的生活，才知道你需要的设计，那些和你的生活方式有共鸣，理解你的生活方式的人，就是你的“目标人群”，这也是我们设计理念的一个根本来源。

张　雷

品物流形创始人

你是如何定义生活美学的？

49

我想很大程度上是你的价值观，你对人生的一种态度。比如，你与周遭人的相处，对一个东西的认知，这些综合起来，就变成了你的风格。

在不同年龄阶段，我会去想自己到底是一个怎么样的人，我懂得的是什么，我享受的是什么，我不会的是什么。其实每一个人都是渐进式的，当我开始对我的内在和外在有看法的时候，它就变成一种生活风格。没有两个人是相同的，去营造属于自己的风格就好。

汪丽琴

中国台湾好样集团前负责人

是什么元素成就了一个好产品？

50

实用，对我来说就是好的产品。除此之外，设计经典、用料高效、产品独特性也很重要。

从功能角度来说，我喜欢包袋的伸缩性，而质量、是否适用于维修、是否可以回收也很重要。

我喜欢产品中有精心处理过的细节，每一个角落都有相应的考虑。一些隐藏的惊喜也很有趣，不是所有内涵都是显而易见的。

我们倾向于使用整体设计的概念，从早期研发的时候，就开始考虑产品的呈现、故事的讲述以及日常的使用。这种整体的视角才能成就一个好的产品。

Markus Freitag & Daniel Freitag

FREITAG 创始人

在已经做出一点儿名头之后，为什么不选择将读库“做大”？

51

我们现在做的书基本上都是我们自己能说了算的。

我 36 岁开始做读库。36 岁和 26 岁最大的不同是，知道自己的时间是有限的，知道自己不可能什么都做，所以我一直在做的就是分配我的时间和精力。别说开书店，就算是书，我们都有很多不敢去做，比如，我从来不敢做小说，因为我知道我没有文学基因。

如果一本书你自己都不爱看，怎么可能让读者喜闻乐见？一本书对我们来说应该是，如果再不出，就觉得要“出人命”了，它让我们愿意为它付出，愿意为它承担风险。

张立宪

读库创始人

文创消费的本质是什么？

52

在我心中，我的客人永远不会消费完一笔就到此结束了。

每个客人在店里平均停留时间很长，他们所消费的其实是一种喜欢的氛围和价值观，而不是产品本身。

刘冠吟

《小日子》社长

为什么想做一本专注中国阿姨的杂志？

53

我们并非刻意去表现理解这个群体的关键词，但我们想要通过一些幽默而狡黠的方式聚焦阿姨群体的亮点，因为她们值得被更多人关注。

在法国没有“阿姨”的概念，女人们退休后的生活大多过得沉闷又沮丧。而中国阿姨真的不一样，她们总能快速形成小团体，有自己的微信群，每天都在公园里见面，一起跳舞，爱旅行，爱穿漂亮衣服。阿姨们非常享受自己的“第二人生”，看起来似乎也并不需要她们的老公。

Elsa & Monique

《迷妹》杂志创始人

如何平衡品牌调性和设计师个性？

54

任何作品都不能是一个设计师的个人 show（展示），因此有些怪才设计师会被“提前打压”。造作整合了大量设计师，有一个潜在的逻辑是选择设计师时不在乎“流量”，但要强调一致性，因为最终产品在用户场景里会被组合使用，彼此要能够对话。

舒 为

造作创始人

故事，有什么好处？

TOPYS

QUESTION

PAGE 110

55

在听故事的时候，你会愿意去尊重对方背后你所不知的苦难，或者说变得比较谦逊；你会试图不羞辱对方，不把过大的标签贴在对方身上。

故事就像安康鱼头顶的小微光，当你愿意说故事给对方听，或者愿意听对方讲故事的时候，这个微光就会亮起来。

骆以军

著名作家

怎么看现在很多品牌都在谈的“年轻化”？

56

传统品牌要想跟上未来的主力群体，从现在就必须开始向年轻化转型。当然传统品牌年轻化转型并不意味着年龄意义上绝对的“年轻化”，因为“90后”本身也处在变化的过程中，当他们成为消费主力的时候，他们在某些主流的正能量的价值观上也会趋同，因为人性是共通的。但不管怎么变，他们在心态、品位、个性、需求上都不会变得和现在的传统人群一致。个性与规模在互联网时代将不再矛盾。个性化品牌在跨地域整合人群，生活服务类品牌则在同区域整合人群。

陈绍团

找马品牌咨询创始人

创意这个行业，天赋有多重要？

57

天赋很重要，但长期来看，天赋高却不努力的人，作品的质量与数量往往不如天赋中等却非常勤奋的人。

勤奋可以感动和你共事的人，一群热血的人一起产出的作品也更可能感动观众。

游明仁

中国台湾 ADK 首席创意长

如何看待写作？

58

每个人的经历不一样，经验不一样，写作的内容肯定也不会一样。你阅读别人的东西是去了解别人，而不是挑别人的毛病。好好写点儿东西，写自己的内心，写自己的想法，我觉得挺好的，所以我尊重所有创作的人。每个人欣赏品位不一样，你可以喜欢，可以不喜欢，但是应该鼓励别人写作。

芒　克

著名作家

你的创作过程，是怎样的？

59

写作是一个掏空自己的过程，你心里的营养越丰富，作品所传达的东西就会越精彩。

痞子蔡

著名作家

怎么看个人设计和商业项目的关系？

60

在做客户项目的间隙里，我也一直在做自己的作品。我认为在商业和非商业的工作中穿梭是一种比较好的方法，个人的作品是一种自我思想的表达，也可以认为是为了保留对平面设计的客观看法的一种训练。

仓岛隆宏

平面设计师

作为产品设计师，你怎么看待品牌和产品之间的关系？

61

品牌代表着身份和地位，也是评估价值的重要参考轴。与小公司相比，多年的经验让人们依然倾向于信赖大公司生产的产品，所以品牌就意味着信任。

不过，这个标准并不适用于我们这一代人，我觉得好的东西就是好的，与品牌无关，关键不在于品牌影响力，而是真正好的产品。我们这一代人的评判标准很纯粹，就看单个产品是好还是不好。

铃木启太

Product Design Center 创始人

做动态设计和做迪士尼动画片，到底有什么区别？

62

其实motion graphics就是会动的平面视觉，除了考虑它动起来是否好看，还要考虑能否借由这个形式去传达产品的信息，或某个创意的精神。

相较于迪士尼这种注重叙事性的角色动画，我们有时候可能只需要一张海报、一套字体或者一种材质等抽象的元素就能撑起一个作品。

Rex

白辐射影像创始人

你觉得彩虹合唱团是在创造另一种流行文化吗？

63

我认为“彩虹”当然也属于这个时代流行音乐的一部分。

不过，我觉得有个误区——大家认为流行文化是最近流行什么，我就一定要去听一下。其实对于创作者来说，创作是无意识的行为。我们不认为自己的创作是流行文化，这些定义其实都是观众、乐评人给的，而不是我们早晨起床，先跟自己打个招呼：“我要创造流行文化啦！”然后就开始搜索最近的流行事件。如果有这种想法，那我们其实已经落后自己的思维很久了，相当于在吃别人剩下的饭。

金承志

彩虹室内合唱团总指挥

从广告跨界到实业界，这种转变带来的最大不同是什么？

64

广告透过外在的显学形式美感与整顿和社会接触，它绝对是把美推到最前面的一种表现，但制作是透过内在的美的形式与整合跟大家见面，差别只在于你看得到和看不到。

从事制造的时候，我们必须有多一些转身的机会来看看自己制造的产品，而广告则需要你不回头，一直往前走，就是这个差别。可是这个差别影响到了每一件事情最后不同的面貌和价值，而面貌、价值与你回头的频率成正比。所以我想比较明显的差别大概就是——你回头的次数。

江荣原
阿原肥皂创始人

在开始一个新产品前，最重要的是什么？

65

我们的产品设计从设定目标顾客开始。所谓目标顾客，并不是说他们是唯一能适用产品的人，但他们是我们在设计产品过程中所描绘的理想对象，这样我们才会确定产品设计该怎么做，以及为什么这么做，这是在设计新产品前最重要的。

Mikael Ankersen

vifa 设计研发总监

对年轻设计师有什么建议吗？

66

我们认为，当你还在学校的时候就应该开始学习商业运作，也可以尝试接一些项目。我这么说是因为有许多设计师在经过五年的专业学习之后走入社会，依旧感觉很茫然，不知道该从哪里开始设计。在丹麦，给设计师提供的工作机会也不多，所以我们认为他们应该提早了解商业项目的运作方式。

Nan Na Hvass

Hvass & Hannibal 创始人

一个建筑设计师会如何去观察一座城市？

67

我会尽量选择汽车到不了的地方，因为这种地方会保留很多有意思的空间。

汽车让不同的城市慢慢变成同一个风格，同一个尺寸，所以在这一点上，我会选择尽量回避汽车能到达的地方。

青山周平

B.L.U.E. 建筑设计事务所创始人

怎样使一本单一主题的杂志变得丰富、易读？

68

我们会针对不同的话题，让不同领域的专家来给大家讲故事。虽然表面上看起来，我们是本严格、规整的咖啡杂志，但我们更感兴趣的是如何讲述咖啡背后的故事。如果160页仅仅只为了讲述拿铁咖啡的艺术，那会是一件很无聊的事情。

Adam Goldberg

Drift 主编

怎么看待如星巴克这样的连锁咖啡店和精品咖啡店之间的关系？

69

一家小咖啡馆其实就是店主的衍生，它充满着弹性和速度，所以一旦有新的观念、新的设备，我们通常都会第一时间在小咖啡馆见到，虽然它不见得成熟。

星巴克这种大型连锁店呈现的都是有相当完成度的东西，比较难产生惊喜，也比较难让人受到惊吓。

但是这几年我们发现一个现象，星巴克其实会 follow（跟随）小咖啡馆创造出来的风潮，比如，手冲是星巴克以前绝对不会做的，在门店烘焙咖啡、做氮气咖啡，都是由小咖啡馆先开始，技术稳定成熟以后，星巴克再把它移植过去的。

陈志煌

FikaFikaCafe 创始人

从做杂志到做实体店，之间最需要注意和平衡的事是什么？

70

看你的杂志和来店里买东西的人不是能完全画上等号的，店主千万不要以为以前买你的杂志的人都会买你的东西。

媒体走向线下开店，需要对产品定价和商品类型重新精确定位，要把自己想象成一家全新出现在市场的店，完全摒弃自己从前有很多读者这件事情。

刘冠吟

《小日子》社长

为何会选择成为一个跨领域设计师？

71

做平面设计师，你的视野可能就只有平面设计；做产品设计，你看到的可能就只有产品设计。而在工作延展的过程中，你会接触到其他领域，多方接触后就会产生融合。各个不同领域融合的状态可能是设计未来的命运吧。作为一个创作领域，设计要涉及的东西是非常多的。

植原亮辅 & 渡边良重

KIGI 创始人

作为交互设计师，如何看待技术与创意的关系？

72

技术与创意是个非常难解的课题，也存在两面性。

技术进步有其好处，但也存在不少限制。如果一个本来很狭窄的范围，因为你的技术突破了它，创意的范围也会随之突破。但技术原因所造成的壁垒，也往往是促成新创意的动力。

其实这两个东西也是相辅相成的，如印刷技术，虽然和以前比进步了很多，但其实变化并不大。但是在这种制约下，每年都有很多很有创意的平面作品出现，所以在某种程度上我认为这种制约也很重要。

中村勇吾

tha 创始人

洞察力和社会责任感，对于创意人的意义是什么？

73

良好的时代洞察力和社会责任感，有助于你更加客观、理性地看待创意的价值，有助于拓展你的创意视野。

你将不会拘泥于无关痛痒的诉求与小技巧本身；你将铭记创意的价值不仅衍生于聪明，更衍生于智慧；你也将铭记公益广告的存在理由与价值依托，是为了真正唤醒社会大众的责任意识，而非仅仅为了博得同行的会心一笑。

陈绍团

找马品牌咨询创始人

一个企业，如何更好地传递企业价值，并获得受众的认可？

74

企业扮演的社会角色，不是单纯为了销售，社会贡献与位置也很重要，要去帮助人们想象美的生活、文化。拿资生堂来说，它不仅是生产化妆品的企业，更是能让人感受美，并为此感到喜悦的企业。

对一般人来说，美好，应该是出现在美术馆里的昂贵的艺术品，然而我们希望把美的概念更广义化。比如，我们在路上看到一块石头，把它摆在家里也许比艺术品更美。千利休（日本古代哲学家）认为碎了的碗很美，其实这就是将一种价值转换了，真正美的价值是能让任何人都可以享受到的。

涩谷克彦

资生堂前 ECD（执行创意总监）

彩虹合唱团，是在探索如何让合唱变得流行吗？

75

网络文化也好，流行文化也好，都是由我们当下所身处的时代决定的，我们无时无刻不在创造与接纳这种文化。有时候不是我们刻意吸纳或者想要创造流行文化，而是你我的生活已经被流行文化包围了。

我不喜欢太脸谱化，因为每个人都有很多面，就如同我们有喜怒哀乐一样，每个团和每个人都是如此。

金承志

彩虹室内合唱团总指挥

当你试图通过艺术
反映社会问题时，
最大的障碍是什么？

76

艺术的最大问题在于，很少有人把它当真，一旦被贴上行为艺术的标签，似乎就成了一场无关痛痒的表演而已。

无论愿或不愿，艺术与表演似乎渐渐成了同一件事。

Jani Leinonen

艺术家

站在戛纳这样一个更国际化的舞台上，对华文创意的国际地位有什么感受？

77

我们仍需继续努力让华文创意跨越语言或文化对西方评审可能造成的理解障碍，希望在不久的将来，更多的华文创意作品在戛纳这类国际创意舞台上能够从支流汇聚成主流之一！

游明仁

中国台湾 ADK 首席创意长

你怎么看待商业设计？

78

很多设计师喜欢做文化设计，做商业设计就觉得是在受刑。

但在日本，知名设计师大多都是知名商业品牌或市场营销背后的重要推手。

最初十年，我做的都是非商业、艺术性的海报，拿了很多奖。当 99% 的人都没有看过我的作品时，我才发现自己根本没有任何“设计影响力”。

我认为，一名设计师如果在社会上不能做一件有影响力的事，那他的价值就是零。所以后来我选择去做商业设计，让每一个人都能享受或使用我的设计，这样我的设计才可以广为人知，才会彰显作为设计师的价值。

李永铨

著名品牌设计师

文创产业对一座城市的意义是什么？

79

当文创产业者的创意加上了当地的特色，可能会影响到人的生活习惯，这其实一直在改善我们的生活环境。等到有一天，每个空间都很棒，每个商品都很好，人与人之间也变得很和气，大家发自内心地很想来感受这种美丽的气氛，那个时候我们才有条件来谈文创产业。

钟俊彦

范特喜创始人

怎么看方言所代表的各种本土文化？

80

文化，其实是非常傲慢的知识分子的定义。我觉得知识分子是最没有文化的，为什么？因为文化是一种生活的细节，一种行为表征。

生活上的语言和教育语言是不一样的。说闽南话，是因为我生长的环境是那样的，我的闽南话比普通话好很多，那些生活里的闽南话会让人觉得很细腻，换成广东话也一样。

任何生活语言所传递的东西都是最直接的生活，那些人在用当地的语言过日子，你如果把它转换成普通话一定会显得太刻意。你不能把一种生活语言抹灭掉。

吴念真

著名作家

HAY 的市场策略是什么？

81

你们会觉得我们对市场营销投入很多心思，其实不是，好设计才是我们公司的核心竞争力。我们坚信产品只要有趣并且足够吸引人，人们就会找到你的产品。

我们没有在任何杂志上做广告，但是喜欢我们设计的人会拍照上传到 Instagram 与他人一起分享。我们这代人是相对自由的，会主动去找自己需要的东西，而不是等别人来告诉我需要什么。

Rolf Hay

HAY 创始人

设计做出品牌后，该怎么应对盗版产品？

82

一个品牌如果一直在担心盗版是没有办法往前走的，盗版的事情一直都存在，而且盗版太容易了，即便我们申请了很多专利，也很容易就被破解。所以，盗版对我们来说就是“浮云”。我们希望品牌在一直前进，让别人没办法跟上。

林宜贤

柒木设计创始人

你认为好的设计思维是什么？

83

不欺骗自己的心。当然，这可能很主观，因为大家对好的定义都不一样，我们鼓励每个人努力去把自己认为好的东西越磨越亮，然后发光。

我觉得好的设计思维，一是不对自己说谎，二是如何创造经典设计。五十年之后，这个东西还闪闪发亮，或者透出微光，或者影响到很多事情，我觉得这应该是每个设计师所追求的价值所在。

周育如

AGUA Design 设计总管

为什么好奇心对创意人来说很重要？

84

好奇，是一种思考的习惯，也是每一个人绝对不应该放弃的能力。好奇，让脑神经细胞之间产生别人没有的联结。

举例来说，我们面前的投影灯，为什么是蓝光而不是白光？我不知道答案，但是由于我的好奇，这个问号会留在我的脑海里。

假设另外一个人也同时看到这个灯，但是他不好奇、不会问，等到哪一天，这个问题的答案同时出现在我们俩面前，我会得到答案，而他得不到。为什么？因为我的脑神经细胞里，由于我的好奇，一直有个问号在等着答案。

姚仁禄

大小创意创始人

对于想要尝试转型的广告人，你有怎样的建议？

85

广告人和设计师在做的是“炼沙成丹”的事情。把很复杂的产品转化成最简单的沟通，把很复杂的品牌理念通过一个表情、一个特写表达出来，这都是需要功力的。

广告人的最高境界就是你可以用广告人的想法、行为去做你想要做的任何事情。我自己就在这样试验，好像真的没有那么难。

江荣原

阿原肥皂创始人

在“段子手”崛起的时代，文案的地位有何变化？

86

我更关注的是“段子手”作为媒介角色的创新，而非文案角色的创新。其实段子手和“大V”一样，都是媒介碎片化的代表，也是媒介从资源垄断时代走向内容创新时代的象征。而内容创新，则是从综合大杂烩趋向单一精品化。

如果一定要说段子手和文案的关系，那么“段子手”的崛起应该是为文案开辟了创新型创业的路径。正如创意公司、创意人以后可以利用自己的创意才华进行创意投资，或者干脆自主创立品牌，文案背景的创意人也可以从“段子手”角度创业，把自己变成段子手媒介创意品牌。

陈绍团

找马品牌咨询创始人

一个好的品牌，是怎么建立起来的？

87

做好一个设计或一个品牌，不仅要看设计师的能力，也要看你的客户的条件。如果客户本身不好，不管找谁，一样会“死”得很惨。

李永铨

著名品牌设计师

DOING

怎么做

这档为儿童量身设计的教育节目为什么叫Design Ah(あ)?

88

作为一档电视节目，名字是非常重要的。如果名字很长，孩子们很难记住；如果不把设计两个字放进去，很难展现它是一档设计节目，因此我纠结了很长时间。直到有一次，我在洗澡的时候，突然有了想法，“啊”我不知道在中国是怎样的，在日本，我们突然有一个想法的时候，会说“啊”，而あ (Ah) 也是日本五十音图平假名中的第一个字母。

佐藤卓

佐藤卓设计事务所创始人

熊本熊的成功中最重要的一点是什么？

89

只做客户要求我们做的，是不够的。设计是一个发现问题、解决问题的过程，与设计熊本熊一样，在其他的设计中也要发现问题，慢慢地找准问题的点，并解决它。

因此，这个项目最重要的部分就是开始了熊本熊的设计。而这只熊身上的点睛之笔，是受到了表演艺术家小林贤太郎的启发——如果这个形象脸上有红色的圈圈，在孩子那应该会非常有人气。这也是熊本熊成功的重要原因之一。

水野学

good design company 创始人

如何运营一个有组织的、时刻保持敏锐度的团队？

90

我们没有为一整年而设的固定的计划，而是每半年，大家一块儿辩论那些对我们来说最重要的项目，所以我们的计划机制是不断滚动的。

同时，团队也会尽量将每个点子和项目具象化，将它们画在便签贴上，并展示出来。如果能画出来，也表示这个点子或者项目已经具有一定的雏形了。

Markus Freitag & Daniel Freitag

FREITAG 创始人

创业的最基础心理建设应该是什么？

91

出来开店或者创业，你就得想着“做最好的自己”。

千万不要去模仿和过分在意任何你的竞争对手所做的事情，因为市场上如果有他，其实就不需要有个横向的你。

所以一开始开店的时候，你就要想清楚走什么路线？什么人是你的客人？这件事情想清楚了以后，你接下来就要走在这条路上，不能偏，也不要因为别人的看法而左右摇摆。

刘冠吟

《小日子》社长

如何让社区与政府接受新的提案？

92

沟通很重要。不论是招牌设计还是基础设施改造，我们首先需要与社区和政府建立专业关系，为他们上课，如此一来，他们就能把你当成顾问，而非厂商。

但若接触不到最上级做决策的人，不如下次再谈。很多事情是价值观念的问题，新的提案真的需要花时间等待。

周育如

AGUA Design 设计总管

什么样的brief（简报）是一个好的brief?

93

一个好的 brief，内容应着重详述目标消费者是谁、目标观众群是谁、目标群体的年龄层、期望达成的效果、锁定新策略来搭配新商品的原因，同时清楚地列出所遇到的问题点。例如，为何之前的策略运用效果不彰？为何前一支影片没有刺激销售成长？或者为何没有创造出期望的消费族群？

至于太多感觉上的形容词则可以省略，如希望品牌带给消费者的感觉是现代、大气等，这类形容词不是 brief 内容的重点。

罗申骏

JL DESIGN 创办人

数字王国（美国）大中华区执行副总裁

怎样设计津梅栈道这样一座可以让老人和孩子停留、玩耍的桥？

94

我们没有特别去设计什么，只是在现场就地取材，这里面有很多细节。我们真正想过的事就是桥的设计要有多宽，现在的宽度是与附近的老人家讨论过的，他们说不能太宽，太宽会有人坐在那边喝酒，这样别人就不敢走这座桥了。为了避免这种情况发生，我们就让桥窄一点儿，灯光暗一点儿，使其尽量无法聚集一堆人。

黄声远

田中央联合建筑师事务所主持建筑师

什么是“以建筑的态度去设计一本书”？

95

我的灵感来自书籍内容和作者本身，即便是上百万的文字，我也一定会读完再开始设计，并以编辑的视角来组织、搭建内容。

对我来说，做书就是做建筑。因此，书籍规格、形式，图片、文字的排版，纸张，色彩和印刷等每一个环节都要知悉，以保证最后的成品质量。

Irma Boom

著名书籍设计师

当客户说自己要一些“crazy idea（疯狂的创意）”时该怎么办？

96

总共分三步。

首先，就是沟通。要不断确认双方对这个“crazy”的理解是否一致。

其次，尽量使用直观的提案方法。一件确实可感的事物是非常有力量的，要在展示和解释自己的方案上下功夫。

最后，尽可能给出三个方案。一个规规矩矩，一个稍有出格，最后一个则非常疯狂。这种递进式提案方式会让客户确信你有听取他们的想法，是在他们的需求基础上，经过思考，才最终提出了那个令人难以置信的“奇怪”的提案的。

川村真司

Whatever 创始人

什么才是甲乙双方合作的第一步？

97

理想的情况是，客户知道需要做出改变，带着不那么完善的 brief 来找我们，然后我们在第一阶段一起去搞清楚这份 brief。

Paul Stafford

Design Studio 创始人

创作绘本最有趣的地方是什么？

98

文字使图像有了更多解释方向，图像使文字多了几层不能直说的潜台词。

这就是图文的趣味——可以展示更多解释的空间。

几　米

著名绘本作家

做杂志时，文案（编辑）与设计该怎样配合？

99

制作当期杂志时，我们通常会开两场会议，第一场会议是让编辑和设计者坐在一起讨论。

我们在出发采访前，也一定会和设计者一起开会讨论，设计师总能从他的角度提出一些新的想法。

Eva

《秋刀鱼》主编

靳刘高设计公司的商标非常经典，当时是如何考虑的？

100

那个方胜图案是我的商标设计中一个有代表性的作品，包含着我公司的两种文化。

一是在现代设计中融合中国文化，而点线面的应用又是很完整的西方审美。

另外，它把我公司对做设计的态度和思想体现了出来——设计不是个人化的东西，要跟客户合作、跟生产者合作、跟不同团队的精英合作，它可以多变，可以用很多创意去演绎。

这个商标我也很喜欢。

靳埭强

著名平面设计师

在生活中用到自己设计的产品是种什么样的感觉？

101

我是抱着怀疑的态度去审视的，会思考和观察自己当初做的是不是有问题，是不是符合大众的需求，是不是还有更好的呈现方法。

佐藤卓

佐藤卓设计事务所创始人

沉浸式戏剧的规则是什么？

102

有很多，最重要的是不越界。既要聆听观众，又要关注演员。例如，是否安全、是否必须做自己不愿做的事情。如果演员觉得处理不了，会有备选方案顶上，以确保演出继续。观众也一直有一条能够随时离开这场演出的退路。

Tom Pearson

Third Rail Projects 创始人

应该怎样管理创意团队？

103

我的管理方式是我只“理”，不“管”。当你有问题的时候，我一定要理。所以职位在我们这里只有专业的意义，并没有别的意义。

一个公司如果一直强调管理，那这个公司是有问题的。当所有团队的成员一直专注创意，这对我来说就是最有效的管理。

胡湘云

中国台湾奥美首席创意长

没有灵感怎么办？

104

当你持续在创作的氛围里，创作就是你的养分，唯有继续创作才能解决所有创作的问题。

几　米

著名绘本作家

应该怎样更好地了解客户？

105

与你的客户对话，借由对不同角度对话的提问去了解客户所要解决的问题与碰到的困难，这些问题会形成你调研前进的方向，进而使你了解客户的痛点。

罗申骏

JL DESIGN 创办人

数字王国（美国）大中华区执行副总裁

搞创作的时候能有多疯狂？

106

我的车上有一块自制的绘画板，我经常会边奔驰于高速路上，边在绘画版上进行草稿创作。加利福尼亚州没有出台过相关政策禁止人们在车上画画。

我在进行一个主题的创作时，没有一个预定的想法以及手稿设定，我只会让大脑像一个高速运转的思想机器，然后让手中的笔把想法画在纸上。

Steven M. Johnson
漫画家

怎样才能让大家都为环境美感做贡献？

107

可高度概括为六个字：感知、认同、共识。

如果你没有去感知，没有亲身参与，就不会产生认同感，即自我识别认同的转换，你总会觉得那是别人的事，不是自己的事；是公共的事，不是我家的事。当一群人有了这样的转换之后，才有可能产生共识。

周育如

AGUA Design 设计总管

在供需过剩的情况下如何把东西卖出去？

108

风格的奠定在于从容。我永远不会给客人一种我非卖给你不可的压力，我的设计永远都不会让你看起来有压迫感。

刘冠吟

《小日子》社长

请分享你的创作方法。

109

01. 请在开始工作前，深吸一口气，
神清气爽地迎接工作；
02. 请把办公处当成游乐场，
把工作看成有趣的事情；
03. 被困在某个思维模式时，请放松，
因为这是创作者的家常便饭；
04. 不知道如何下手某项工作时，
记得多画画，可以不带脑子；
05. 请相信你的直觉，
因为手时常比头脑转得更快；
06. 生活是一场马拉松，压力无时无刻都在，
别泄气，大起大落很正常；
07. 科学证明，每天深度工作三小时
最高效，最精巧；
08. 你的厕所读物极有可能是手机，
但据说如厕时打坐、冥想也不错；
09. 你在确保自己的作品让别人快乐的同时，
也记得让自己快乐；
10. 请保持虚心的学习态度，
我们都是宇宙中的一颗微尘。

Tobias Gutmann

艺术家

有什么寻找灵感的好方法？

110

FREITAG 有一个小小的创意，名为“这不是我的点子”。形式很简单，品牌会邀请一小群人（大部分为设计师）来进行讨论。这个讨论并不关乎设计师在做什么，也不关乎 FREITAG 在做什么，而是关乎这些来宾到底对什么感兴趣。大家在餐巾纸上写下自己的点子，这正是一次资讯与灵感的交换。

Markus Freitag & Daniel Freitag

FREITAG 创始人

如何在最短时间内提高设计的影响力？

111

切忌在商品身上盲目强加它本身不具有的东西。你最好根据不同的客户，出不同的方案，通过统筹与设计向大众传达企业或商品本身的特点与气质。如果将设计师比作医生，开的药方不同，手术方式自然也不能千篇一律，只套公式。

不管企业是新生代品牌还是百年老字号，我们都应该从它目前的情况入手，这个角度非常重要。

水野学

good design company 创始人

在今天的大环境下，要怎么做品牌营销？

112

很多人总是把“品牌营销”挂在嘴边，实际作业中却把品牌晾在一边。

品牌结构整合最重要的是品牌与营销一体化，即强化品牌、产品、人群与交互端的联系，联系越紧密，相互间的借力越强。

具体地说，就是品牌与产品一体化，品牌与人群一体化，品牌与交互平台一体化。

陈绍团

找马品牌咨询创始人

如何成为一个好的创意主管？

113

创意人其实不适合用“管”的，但我们要懂得去理解、理会他们，明白自己做创意与带队做创意的 KPI（关键绩效指标）的区别。帮助团队成员让他们有所贡献，才能让人得到真正的成就感、快乐与成长。

有加分与实现的能力，是创意领导成功的关键。创意人都颇有自我想法与艺术家性格，不是随意组合在一起就会产生好作品的。而作为创意主管，要想办法了解与观察如何搭配是最恰当的组合，这样才能源源不断地产生好创意。

游明仁

中国台湾 ADK 首席创意长

设计师如何看待企业VI（视觉识别系统）对宣传的帮助？

114

所有视觉形象的建立都和品牌市场化的推广策略有关，设计师能做的事有两件。

第一，建立策略时与品牌方商量，是不是以视觉为主导来建立策略。

第二，如果是非视觉为主导的策略，思考视觉能为市场做什么。

这是设计师要参与的两件事。

刘治治

著名平面设计师

该如何看待创意的界限？

115

谈创意的时候，不要害怕。如果你离开界限太远，总有人会把你拉回来，怕就怕你走得还不够极限。

面对一个新的商品品牌时，你要用最近的距离、用各种角度去看它，看得越细越好。可是在想创意的时候，你要退到最远的地方，不要自我设限。因为别人一定会来限制你。

胡湘云

中国台湾奥美首席创意长

你有建议给年轻设计师吗？

116

因为现在科技发展和新媒体的影响，年轻人非常满足科技给他们带来的一些效果，而放弃了手工能力。也可能因为你在行业里面的地位很高，有很多人帮你动手。

不能用手去感受、理解和享受艺术，我觉得是很可惜的事情，所以我建议年轻人注意发展动手的能力，心手相连，不要忽略这个关系。

靳埭强

著名平面设计师

平面设计师应该如何跨界？

117

一切都由平面设计师开始创造，这在日本社会还没有成为一个主要的现象，但这种趋势在业界越来越大。

例如，建筑、服装、图形等，能做这一切的建筑设计师是没有的。但是平面设计师可以做到。平面设计师可以利用图形，对建筑甚至服装整体做设计——这是平面设计师的优势。

佐藤卓

佐藤卓设计事务所创始人

品牌力尤其是产品力比较弱的客户，该如何通过创意来提升形象？

118

品牌就好像一个人，从小开始，你就得细心呵护他。他会变好或变坏，这要看你怎么“捏”他。慢慢成长的同时，他会因为外在的变化而“自己”改变（消费者如何定义他），这时你需要智慧地引导，因为他已经有了自己的个性（消费者认同），若处理不当，他会丧失自我（消费者品牌混淆），离你而去！

品牌工作是日积月累的，影响品牌建设的因素也非常多。你必须对品牌的建设设置一条清晰的战略路径，有时无法一蹴而就，必须一步一步往目标推进。

窦仁安

灵智广告 CCO（首席创意官）

如果一位刚进广告界的年轻人在你门下工作，你会先让他做什么？

119

我会先让他做三件事。

第一件事，让他知道厕所在哪里，先熟悉这个环境，缓解紧张；

第二件事，让他看看茶水间，知道哪里可以倒咖啡，补充体力；

第三件事，带他去见一个人，他（她）是你以后遇到问题时，可以帮助你的同事。

劳双恩

原智威汤逊亚太区创意委员会主席

待团队员工如兄弟的方式，对管理和权威是否有影响？

120

不会影响。

没有权威，只有道理。我都是用道理来说他们的作品，他们也可以用道理来反驳。

以前我在中国台湾当“排长”的时候有一些“流氓兵”，如果你用头衔去管他们，他们宁可被关也要揍你。只有你有“料”，别人才会服你，这是我在军队学到的，管理创意人也是一样的。

赖致宇

BBDO 上海 CCO

你对培养语感有什么样的建议？

121

文字的语感和节奏，是每一个文字创作者应该具备的素质。

语感好了，在很多方面都很省力。好的节奏能够决定很多东西。

我是自己有意识地培养语感，其来源主要有两个：一个是以相声为代表的各种语言表演形式，如相声、电影、戏曲等。相声的语言尤其注重节奏，可以说相声基本上就是节奏的艺术。另一个来源是文字，文学作品。我比较欣赏民国时期的一些作家的作品，那是一个文言文和白话文相交替的时代，文言文里好的节奏在那个年代还有所保存，并被带到了白话文里。

东东枪

文字创意工作者

在书籍设计方面，你通常习惯如何着手？

122

任何一本书对我而言，如果我全部读完，会很容易陷进去，无法抽离并理性地做设计，像作者一样，对自己的书有很多的想象。这件事情其实并不好，想象太多就会不理性。

因此，我一定要站在读者和购买者的角度——如果读者在书店看到这本书，它会如何去吸引读者？做书一定要理性和控制。

聂永真

永真急制工作室创始人

如何培养和达成自己的创新能力？

123

我有很多技巧可以与大家分享，其中一个就是要去做和你通常应该去做的完全相反的事。故意去做错，甚至做一些看似很滑稽的事，都是构思一些新的创意的好办法。这些创意是打破常规，但也能让人从中得到乐趣。但是首先，你要勇敢地去尝试，然后再把这个创意折回成一个可用的创意，多尝试些不同的东西能为你带来更多新的创意。

Graham Fink

奥美中国前首席创意长

你保持创新的方法是什么？

124

我关注的其实是如何连接人的内在和外在，我一直坚持人与人之间的对话、沟通是产生新想法的最好途径，所以对话是非常重要的。我从来没有什么想法是突然从自己头脑里冒出来的，深入了解和与人对话，才是得到新东西的最好办法。

伊东丰雄

著名建筑师

做到“与众不同”的诀窍是什么？

125

其实每一次都可以不同，关键在于你想呈现的东西。任何一个你用的元素都有可能成为人与人关系的联结: 一把梯子不仅仅是梯子，它可能是让你摔倒的梯子，可能是帮助你摘到果树顶端果实的梯子，也可能是打扫房间、刷油漆的梯子，我们都有关于梯子的经验，那就是有所表述的、有所象征的元素。

所以我们在做任何有关视觉传达的设计、字体、颜色、形状或是专案的时候，都要意识到我们选取的这些元素所包含的象征意义。

Henry Brimmer
密歇根州立大学广告学教授

创意人的洞察力是天生的，还是需要技巧和经验的？

126

很多事情的想法都来源于真实的生活感受、真实的故事。

我们都说创意是在情理之中，意料之外——情理就是真实的东西，那么意料之外就是从真实中提升的部分。另外，有一句话是“基于生活，高于生活”。我们不要脱离生活层面，不管我们生活的时代怎样变，科技怎样发达，我们还是需要休息，需要饮食，需要交流，需要文化，这些是不会变的，我也希望不会变。也许生活中的家居环境、交通会有所改变，但是我相信人性不会改变。

莫康孙

著名广告人

你的画面呈现出许多特别的视角，你是怎样观察事物的？

127

我看东西一般分成三个阶段：

第一个是用眼睛看，如一只蜗牛，用眼睛看，就是很表面的。

第二个是用脑子看，蜗牛，是一个软体动物，有个壳，这是科学地看。

第三个是用内心看，这个蜗牛有感情、有灵魂、有它自己的生活轨迹。

用眼睛看没有用，一扫而过，仅此而已。用脑子看最多是刻板地进行科学分析，没有意思。最终我们还是要让内心去和这些东西接触。

你能不能做到趴下来看蜗牛时，把你的下巴贴着地面，看到水滩变成了湖，蜗牛在散步——能做到这样，你就 open your mind（打开思维）了。

朱赢椿

著名书籍装帧设计师

对于想要踏上广告和文案这条路的年轻人，有什么话想送给他们？

128

要永远记得自己为什么做这件事，这种热忱需要你不停地去维持住，才能做得久。而一个人对文案的热情来源于自己对生命的热忱。

李欣频

著名广告文案

爱情与情色，是必须要有一定经历才能有所抒发吗？

129

写作和经历无关，卡夫卡没有变成甲虫，纳博科夫没有性侵少女。

第一，想象力；第二，理解力；第三，描述和建造的能力。

写作，就是靠这三种力。

冯　唐

著名作家

如何将一些本土，甚至很土的东西，做得好看？

130

在图片的拍摄和制作上，我们会尽量表现得专业，但我们没有特别去虚构美好的东西。

西班牙有本室内设计杂志*Apartamento*，它就是给人呈现一个混乱的家。我们觉得，混乱也有混乱的美感，所以我们会实实在在地呈现一个街道的环境。

爱　米

《水象》创始人

你们的设计灵感库是怎样建立的？

131

有时这种灵感来自内在。当我们在做大项目的时候，会先查阅网络和书本寻找灵感，我们参考的资料学科分布十分广泛，许多作品受制图学、地理学、宇宙学和手语的启发，在最终作品出来前会有许多的草图和尝试。

虽然我们会有很多的研究，但是很多时候灵感还是来自直觉，如我们做的材质设计就是一种探索。我们尝试不同的、主观的设计。

Nan Na Hvass

Hvass & Hannibal 创始人

一所美术大学理想的课程设置原则是什么？

132

社会的信息总是在更新，新的技术不断在融入，新的社会部门也不断在产生。因此，为应对一个新的情况而设立新的学科、新的体制，把师资和教育方法也融入进去，这在最初的阶段当然是完美的，但是在那之后的 50 年或者 100 年间，这个学科实际上每年都在不断地变得陈旧。

从新学校的设立与老学校的废除来看，其中八到九成严格保持原先体制，一到二成不断改变是合理的。我认为教育的课程设置也是如此，每过几年必须很大范围地重新审视。

建畠晢

多摩美术大学前校长

如何通过色彩，
更好地与人沟通？

133

如果想和平地改变人们的思维方式、改变世界，只有彩虹色是最适合的，如苹果。谷歌最早的标识也都是彩虹颜色的，teamLab 的许多成员的名片上，也都有一丁点儿彩虹色。

RGB 比大家常用的 CMYK 更适合新时代，因此 teamLab 的标识也是彩色的、可爱的，虽然人们普遍认为黑色和银色更酷、更时髦。

猪子寿之

teamLab 创始人

如何看待艺术指导（art director）这个职业？

134

时代背景下，设计与社会的沟通、联系作用变得越来越重要。

艺术指导首先要对项目中美术的部分负责，设计作为项目中美术的一个要素，需要针对客户或者品牌的诉求给出一个负责的回答。对经验不足的设计师给予指导，控制项目视觉体系的方向也是很有必要的。

针对被委托的事情，艺术指导有把信息传达给一般受众的责任，所以，成为艺术指导之前，先做一名优秀的平面设计师是必要的——做商品，人们会不会买？做海报，人们会不会看？

涩谷克彦

资生堂前 ECD

如何为一个新品牌建立世界观？

135

其实很多创意就在眼前，对我来说，与其埋首苦思创意，不如听听对方的话，创意自然会来。虽然在抓住品牌的本质方面，会让人时有烦恼，但是边听取对方的话语，边思考创意会使你感觉不那么困惑。

佐藤可士和

SAMURAI 艺术指导

为什么你在做一个项目时会身兼数职？

136

没有必要用头衔来限制你所要做的事情。

要想贯彻统一的设计理念，重要的是打破领域的限制，提示设计方法。有时我会以编辑的视角进行设计，有时我甚至一个人承担包括精细加工在内的全部工作。

通过独自担任各种不同的角色，我不但可以发现项目的重要性，而且可以实现最佳的表达。这样不被条条框框所限制的工作方式，对于我个人来说更加舒适。

大黑大悟

大黑设计研究室室长

怎样才能让自己的大胆创意更容易被客户接受？

137

我们做这行都是做口碑的。客户有业绩压力，如果你只跟他说创意，他就算被你逗笑了也不见得敢用。你平常要帮客户达成任务，建立信任感，这样在偶尔提出有突破性的创意时，他才会支持你。

游明仁

中国台湾 ADK 首席创意长

在做设计的过程中，你自己的思考方式是怎样的？

138

具体来说，可以用眼看到的造型，它的背后肯定有眼睛所看不到的内部构造与精神存在。就好像翻译工作，仅仅停留在表面了解的程度往往是行不通的，必须理解目的，从文章的脉络着手，一边有计划地翻译内容，一边修正措辞、文字，使设计的呈现达到最合适的状态，我认为这样的思考方式是很重要的。

色部义昭

色部设计研究室创始人

如何看待今天数码化字体与手写体的关系？

139

我们做 Hirogino 系列字体时是刚刚数码化的时候，在那之前，我们从来都没有做过数码化的字体，所以，说得狂妄一点儿，是数码追随着我们的做法，数码跟着我们的脚步。

其实用手绘才能做得更细，将手绘的东西数码化会比较好。从前你做好一套字拿到屏幕上显示，如果有细节的损失，大家会说没有办法，就放弃了。因此，我认为要改的应该是数码显示本身。现在，分辨率已经变高，两者越来越接近了，所以本质上并没有区别。

鸟海修

著名字体设计师

你认为不同国家的文化差异是否影响对品牌理念的把握？

TOPYS QUESTION PAGE 282

140

因为国家不同，存在多种多样的文化差异是自然的。因此，对某一国家的文化采取相宜的表现方法进行改变是有的，跨越国界和人种的差异，保持不变的感觉也是有的。比如，这样做都认为很有震撼力，那样做都感觉很温馨。设计本身就是跨越国界的，难的是如广告语这样的语言问题。完全匹配原来的语义是比较困难的。我们看不懂中文，只有依赖能明白两种语言微妙之处的文案人员。相对来说，设计的控制是容易的，而语言就有些困难了。

佐藤可士和

SAMURAI 艺术指导

你的设计方法是什么？

TOPYS QUESTION PAGE 284

141

任何项目的基础都是研究和小测试，试着去看这个市场是怎样的，基本的问题在哪里。在每个案例中，我们总是遵循“观察消费者行为 - 深入地研究产品 - 形成洞察 - 提炼出可以转化的想法”的步骤。

Björn Kusoffsky

Stockholm Design Lab 创始人

除了建筑设计，半亩塘还自己做开发商，这是为什么？

142

因为我们不仅要把事情做对，还要做好、做完整。半亩塘的精神是“把自然带回都市，把人带回自然”，我们必须要保证开发一块土地最初的想法是对的，设计是对的，施工过程是对的，最后的营运管理也是对的，这样才能够形成美好的生活氛围。

我想所有的建筑从设计到完成就好比人从 0 岁到 1 岁，房子盖完才是 1 岁。当住户入住后，我们会陪伴住户 5 年，一起解决住户在生活上的问题，以及倾听他们住在里面的一切生活感受。

何传新

半亩塘环境整合团队创意总监

这些年创意环境发生了什么变化？

143

在以前那个时代，我们谈创意，多半指的是广告的创意。因为以前媒介环境是高度集中、整合的，所以我们这个行业以广告为中心，广告公司做的是垂直整合的事情。今天的情况完全反过来了，创意横向整合一切，当然也包括广告。

碎片化时代，品牌营销的大门更加多元化，有多少大门，就有多少种成功的可能，对创意的需求也变得五花八门，任何一扇门的创新，都可以带来成功的可能。但在所有的大门中，产品创新的大门隐含着最直接、最高效的驱动效果。

陈绍团

找马品牌咨询创始人

改造城市面貌的同时
是否也是破坏？

144

不要怕。与其害怕改造所产生的破坏，不如认识到一定会产生某种程度的破坏，只是破坏程度是要通过思考的。

先从小实验开始，吸收小实验所产生的经验值，进而做出大幅度的改变，而不是一次性改变一万个路灯——先做五种路灯，然后去试验这五种路灯会产生什么效果，确定之后再去实现一万个路灯的改造。

用思考与策略流程让破坏降到最小，包容可能会出错的状态，才是真正的可行之举。

周育如

AGUA Design 设计总管

如何做到让胶带去驾驭一个展览空间？

145

其实可以从很普通的小胶带开始，把它用在一些包装上面，当你开派对狂欢的时候，它就可以用来丰富空间的装饰效果。

站在某个延长线上开始想象胶带的各种可能性，并慢慢地将它应用到展示中，就像从艺术包装的提案开始，渐渐地延展至空间或者不同的领域。

每次展示的会场建筑是不同的，因此我们要从这种空间的差异出发，用适合会场的方式去展示胶带，根据展示方法来传达、提出胶带新的使用与视觉呈现方法——可能有些地方的胶带是竖着贴的，有些则是悬挂起来的。

居山浩二

mt 胶带艺术指导

网络如此发达的时代，内容创作最重要的是什么？

146

虽然现在很多信息都可以直接在网络上搜到，但作为编辑者来讲，信息编辑仍然有很重要的一点，就是要呈现给读者精致的内容。

在很长一段时间里，对编辑者来说内容最重要，所以他写完稿子之后会直接交给设计师。但后来有些人编辑完内容之后，认为内容的呈现也非常重要，所以会和设计师做很好的沟通，让设计师能够更好地将内容和设计结合并呈现出来。我认为这点非常重要。

室贺清德

idea 杂志前主编

彩虹爆红的神曲，可以理解为一种传统艺术的年轻化创新，为什么年轻化这么重要？

147

我们曾经以“60”“70”这样的十年区间去区分一代人，在互联网时代，这个更新迭代的速度会更快。年轻化是保持新鲜感的前提，任何传统的艺术都需要结合当下的元素才能发光、发热，如大家所熟知的《天涯歌女》《玫瑰玫瑰我爱你》等民国老歌，也是当时中西文化结合，传统与流行结合的“新”东西。音乐不是孤立的，它应当不停地跨界，不停地更新才能适应时代的需求。

金承志

彩虹室内合唱团总指挥

你认为产品设计师该如何充实自己的知识结构？

148

我是根据不同项目的需求来进行专门的知识了解的。做体温计的设计时，我们首先要对体温计的基本构造有所了解，最好可以熟悉，在这个基础上再做设计。当然，作为一个产品设计师，如果能同技术人员一样对产品的知识高度熟悉的话是非常好的一件事。所以，每当一个项目开始的时候，与具备大量专业知识的技术人员共同探讨是必要的。

柴田文江

Design Studio-S 创始人

在设计环节中，有什么要素是不可或缺的？

149

我们喜欢从一个日常生活难题入手。在我们的经验中，思考的对象就是配饰和包袋，因此我们的目标是一个我们自己想去使用的物件。我们的设计师每天都带着这些产品模型到处行走，在日常生活中测试它们，这有助于迅速实现从概念到产品模型的转变，能够让我们更早发现问题，然后去解决问题。

另外，我们内部也有很多不同的测试人员会予以反馈，其中会产生很多问题交流和合作的环节。同时，我们也希望把独特性注入整个设计环节中，因此，我们会提供设计的指导原则，如产品必须实用和美观，有好的色彩搭配等。

Markus Freitag & Daniel Freitag

FREITAG 创始人

更好地工作的十个要素是什么？

150

01. 一次只做一件事。

（Do one thing at a time.）

02. 知道问题在哪。

（Know the problem.）

03. 学习倾听。

（Learn to listen.）

04. 学会问问题。

（Learn to ask questions.）

05. 辨明无意义的东西。

（Distinguish sense from nonsense.）

06. 接受改变。

（Accept change as inevitable.）

07. 迎接错误。

（Admit mistakes.）

08. 保持简单。

（Say it simple.）

09. 保持平静。

（Be calm.）

10. 微笑。

（Smile.）

在这些建议中，微笑极其重要，我相信，微笑能创造好的能量与好的作品。

Björn Kusoffsky

Stockholm Design Lab 创始人

图书在版编目(CIP)数据

关于创意商业的150个问与答 / TOPYS编著. — 桂林:广西师范大学出版社, 2019.9(2022.1重印)
ISBN 978-7-5598-2127-0

Ⅰ. ①关… Ⅱ. ①T… Ⅲ. ①商业经营-问题解答 Ⅳ. ①F715-44

中国版本图书馆CIP数据核字(2019)第174038号

关于创意商业的150个问与答
GUANYU CHUANGYI SHANGYE DE 150 GE WENYUDA

出 品 人:刘广汉
责任编辑:肖　莉
助理编辑:孙世阳
装帧设计:王海山　张　超

广西师范大学出版社出版发行
(广西桂林市五里店路9号　　邮政编码:541004
网址:http://www.bbtpress.com)
出版人:黄轩庄
全国新华书店经销
销售热线:021-65200318　021-31260822-898
恒美印务(广州)有限公司印刷
(广州市南沙区环市大道南路334号　邮政编码:511458)
开本:710mm × 1 000mm　1/32
印张:10.25　字数:256千字
2019年9月第1版　2022年1月第2次印刷
定价:78.00元